U0069528

有笑到

論當代親子關係

Make Parent & Child Laugh in Modern Era

天音播客 著

目錄 CONTENTS

目錄CONTENTS

前言

中華文化教育課程「落實孝道」，不使養兒作拂逆行為，對未來人類眾生必會減少很多業障的牽纏及束縛，能化解很多不良因果循環。

現今時代風氣敗壞，天災人禍不斷，從農業社會到工商社會轉換中，傳統孝道已不復見，不只是人們失去原有良善風俗所造成，更是在於近百年歐風東漸，原有中土炎黃子孫優良「孝道傳統」已逐漸消失，又不知該如何改進。將中華民族原有孝道傳統，重新再定義為「新孝道」作落實，以輔助「新三綱」之施行，改變世界原有之不良氣場，再造人間淨土。

未來世代之改變，皆在於今日人類努力所付出，將新孝道施行推廣於寰宇世界。新人類可在「孝德行」實施當中，能有切切實實之遵循依據，而有中土炎黃子孫對於「孝道傳承」不因時空荒廢，而是給予良善成長。

本文言簡意賅，深入淺出，編者冀望能將《有笑到》快速施行，推廣到每一個人，改善社會整體不良氣場，端正風俗，將人類孝德行落實在人世間，提升孝道於父母親之傳承，達到孝道德性之提升，改正整體社會不良風氣，才是很理想、很如實的推廣施行。

對每個人，盼望做到最好、最圓滿境地，而不枉費人生走一回，虛度有形之軀體，每個人都能有良善之孝道德性來行持，也不枉費父母養育之恩。

中華民族原有孝道傳統

三皇五帝始，孝道傳承做基本條綱，故而後代兒女孝順父母成天經地義之事。

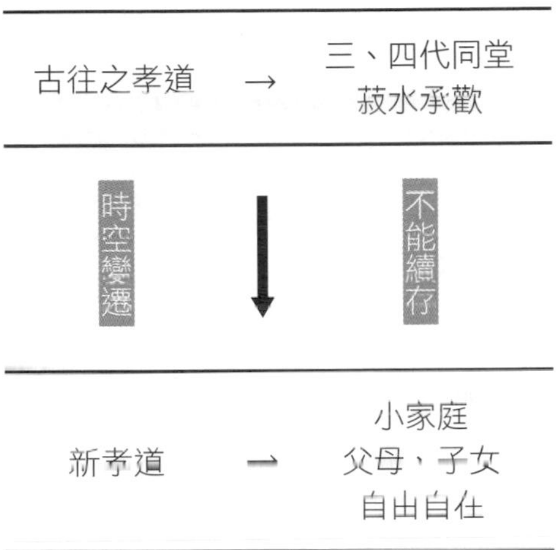

孝順還生孝順子，忤逆還生忤逆兒

1、今日之子女，他日之父母；

2、「孝之始，順其雙親之意」，自己做多少，子孫還多少；

3、照顧父母至孝之人，上天賜予福祿壽富貴吉祥及良善後代子孫；不顧父母，後代有樣學樣，成為惡陋子孫。照顧父母、照顧子女的行為都要有。

歐風東漸，面對好壞全收之勢，原有中土炎黃子孫優良「孝道傳統」何去何存?!

新孝道

子女教養依靠父母的教育。現今時代每一個孩子都會有不同天賦來展現，能找到子女的性向、興趣，是必要投入大量的時間方能挖掘，只要能找到並且大力培養，種子自然能成大樹，也就不用父母擔心。父母不用擔心，可以遊山玩水，做自己想要做的事情、志業，而不是要永遠都要陪子女，走他的人生路，這種太辛苦了！

父母苦希望，方法更重要——新孝道不只要讓後代子女來施行，父母也要來一起施行，先做好自己的人生功課：

青年：培養心力、努力成長、成家立業；

中年：養家糊口、奉養家中父母妻小；

老年：修身養性、安享晚年、活的快樂自在。

如是因，如是果

對子女的教養，是讓其面對社會種種考驗；不是留下錢財坐吃山空，造成依賴不適勞動。

對子女的教養，決定了父母老年擁有的是尊嚴安適的生活；若是父母萬般放不下，子女自然永遠黏著身後。

孝道傳承是人類繁衍的需求
是人倫道德的基礎

人類與孝道

人類降生地球後，孝道同時開始流傳，不同地域行為不同。

僅有中土炎黃子孫國度中，將孝道制度化、文字化，上行下效，奠定了五千年良善又堅固的文化基礎。

孝德文化弘揚，有利於安定人心，促進社會和諧、科技進步、政治穩固。

古昔　孝道上行下效

古代弘揚孝道方法：
孝道楷模表揚

孝子孝女孝孫
↓
彰顯孝道

今時　孝道個人做起

今天弘揚孝道方法：
從心中覺悟孝德，
形成自然行動

個人→家庭→社會→國家
↓
全球
↓
新孝道

時空因緣更迭，歐風東漸，好壞全收，中華傳統孝道將被打破，但道德倫理將會繼續施行。

新孝道，孝順父母從滿足自身感恩之需出發，從孝德做起，付出部分真心和耐心，滿足父母各方面所需求。

孝順父母是為了自己而做，所應付出的行為，也不需用任何框架來束縛。孝順父母即是責任義務，更是將份內的恩情及關愛，回饋於父母，回報父母生育、養育照顧之恩，不要留下遺憾、抱憾終身。

<table>
<tr><td rowspan="2">父母生養教育中，不計較之無私付出</td><td>失孝之人

子女難體悟其中原委
難感知父母付出之心血
↓
無孝者：福報欠缺良多</td></tr>
<tr><td>至孝之人

竭力回報父母
↓
事業經營興旺
家庭和諧圓滿
全家生活吉祥平安，
不良因果討報減少，
化除了大部分不良干擾。</td></tr>
</table>

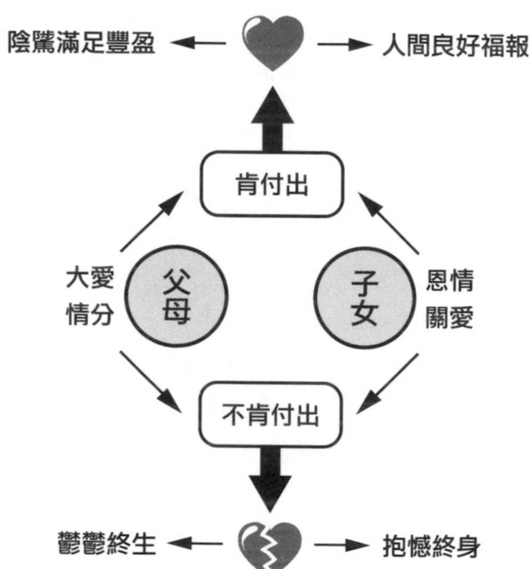
陰騭滿足豐盈
人間良好福報
肯付出
大愛
情分
父母
子女
恩情
關愛
不肯付出
鬱鬱終生
抱憾終身

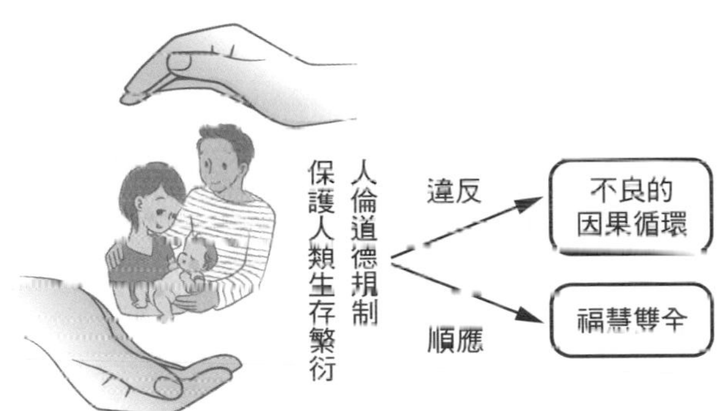
人倫道德規制
保護人類生存繁衍
違反
順應
不良的
因果循環
福慧雙全

符合自然 規律行為	符合 人倫道德	當今時代 現象憂思
孝道傳家 ↓ 和諧社會 文明進步	真心實意 大孝者 ↓ 福祿壽 喜富貴 人間良善 回獲	道德倫常失喪， 世風日下 ↓ 當今人類缺乏 更大福分與財祿 ↓ 對每個人都是一種 很大的殺傷力

振興中華民族，除了科技創新外，更要重振人倫綱常，從恢復孝道根基開始！

人的生生死死，構成了社會的發展，形成了時代的交替

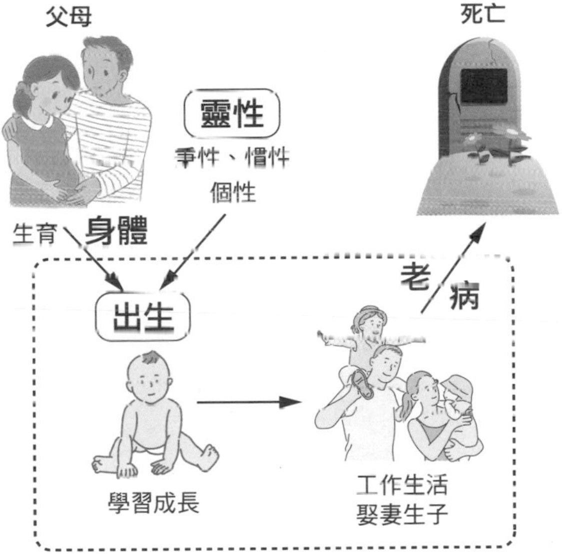

父母

死亡

靈性

爭性、慣性

個性

生育

身體

出生

老

病

學習成長

工作生活
娶妻生子

人的一生中

期望能改變累世秉性、慣性、個性。

時下，一世人時間，很難改變累世秉性、慣性、個性。

我的一生，要做些什麼？

其實就是在：
日常生活一言一行中，
自我反省，不斷地改變成長。

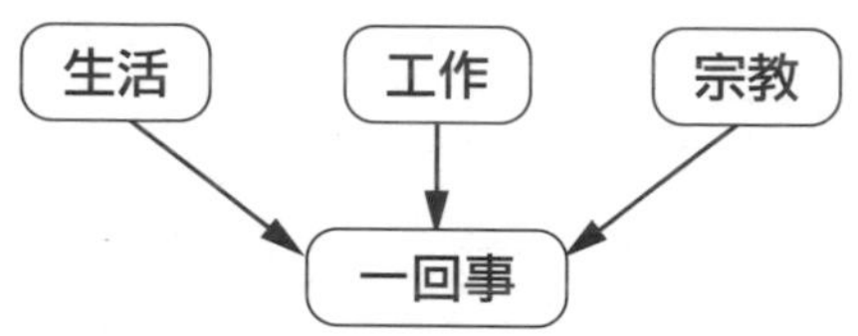

人都是從「起心動念」來開展一切事務，從關注自己思維做起，落實於日常一言一行，學習他人之長，改正自己不足，堅持不懈，在日常生活工作中不斷提升自己。

從何做起？從陪伴父母、孝道報恩做起！

1、幼小時，除父母願意陪伴，再無他人。

2、人生智慧，從日常生活開始點滴積累，不是只從網路中，就可以明白一切的。父母的肩膀支撐著兒女，讓兒女看得更遠。

3、傾聽後才有溝通，明白父母心意，才能讓自己受益；從傾聽的過程，通過溝通，填補父母的心靈空虛，學習父母一生的智慧精華，陪伴傳承父母經驗，才能將自己累世的秉性、慣性、個性做修改。

舜帝以身作則，帶動諸侯效仿
奠定中華數千年的孝道根基

中華孝道傳承根基，源於舜帝

古代中華，部落散居，部落首領稱為諸侯，諸侯共推共主稱為君王。

為何堯帝禪讓於舜帝？因為舜帝做到了：

1、孝順：發自內心；
2、仁德舉止：不計較、不比較；
3、能力：所在部落的繁榮昌盛；
4、謙虛：不居功自傲；
5、家庭和諧。

舜帝繼位後：

1、孝順父親及後母，化解後母的成見；

2、施行親民、愛民的教育文化。

3、身體力行孝道，帶動諸侯效仿，孝德普天下，奠定中華孝道根基，傳承數千年。

中華文化傳承善德行，建立人倫規範制度施行。百善孝為先，用真心將孝順落實於生活，行為舉止不計較、不比較，是創建和諧社會，落實核心價值觀的最佳方式。

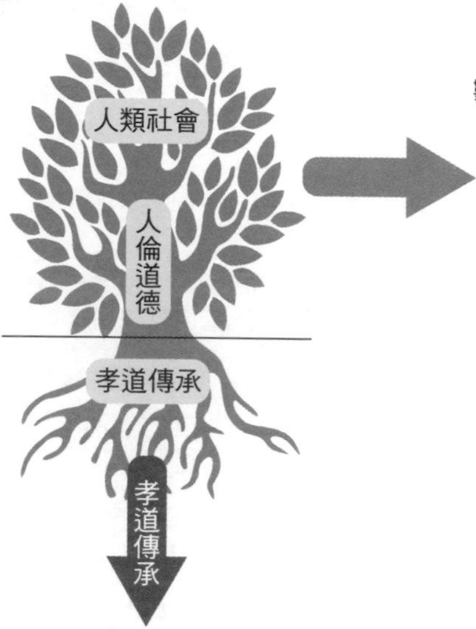

人類社會

人倫道德

孝道傳承

→

華夏子孫
數千年中華文化
孝道傳承

↓

時下科技文明
孝道淪喪
必要重振綱常

孝道傳承

↓

倡導母法

↓

古倫理學
古道德學
古人類學

↓

陰陽和合
孝道傳承
上蒼賜福
人間興旺

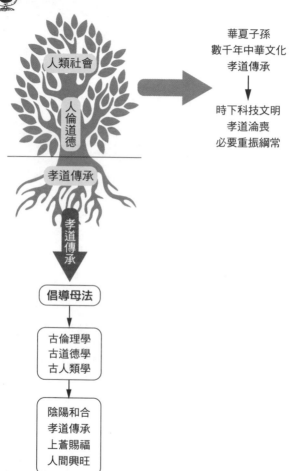

三 中華古代孝道傳承

中華孝道，以孝治國

中華數千年農耕不變，人力為主要生產力，因此，以多多生育建構起龐大的家族體系，「九玄*七祖**、五服（見P32圖）」為中土重要的人力構成體系，古老傳承之孝道有其重要性。

自周朝以來將近三千餘年，以孝為治國立國之根本，所謂「忠臣出自孝子」、「百善孝為先」，自有它的意義和精神所在，歷朝歷代之君主莫不以孝道為治國之國策。

孝與五倫

中華幾千年來，孝道是文明開展之基石，以《孝經》為人倫之奠基，其中家族、宗族是中土重要的人倫基礎，五倫關係：君臣、父子、夫婦、兄弟、朋友，以宗族為脈絡開展。

以宗族為家族之體系，諸多血緣家庭構成的宗族，自然孝道的傳承為最重要的，不然五倫要如何維繫下去？也不符合人類天性！

＊九玄：子、孫、曾、玄、來、昆、仍、雲、耳

＊＊七祖：父、祖、曾、高、太、玄、顯

五服圖

					出五服 六世祖					
				出五服 叔伯高祖	四服 高祖	出五服 高祖姑				
			出五服 堂曾祖	四服 叔伯曾祖	三服 曾祖	四服 曾祖姑	出五服 堂曾祖姑			
		出五服 從爺	四服 堂爺	三服 叔伯爺	二服 祖爺	三服 祖姑	四服 堂祖姑	出五服 從祖姑		
	出五服 族伯叔	四服 從伯叔	三服 堂伯叔	二服 親伯叔	一服 父親	二服 姑姑	三服 堂姑	四服 從姑	出五服 從祖姑	
六服 兄弟	五服 族兄弟	四服 從兄弟	三服 堂兄弟	二服 兄弟	一服 自身	二服 姐妹	三服 堂姐妹	四服 從姐妹	五服族 姐妹	六服 姐妹
	出五服 族侄	四服 從侄	三服 堂侄	二服 親侄	一服 兒女	二服 侄女	三服 堂侄女	四服 從侄女	出五服 族侄女	
		出五服 從孫子	四服 堂孫子	三服 叔伯孫子	二服 孫子孫女	三服 叔伯孫女	四服 堂孫女	出五服 從孫女		
			出五服 堂曾孫	四服 叔伯曾孫	三服 曾孫曾孫女	四服 叔伯曾孫女	出五服 堂曾孫女			
				出五服 叔伯玄孫	四服玄 孫玄孫女	出五服 叔伯玄孫女				
					出五服 六世孫					

古代孝道

古代之孝道：要每日三次到父母前請安；父母吃飯時不能就座，要等父母吃完才能上座；父母仙逝時，則要守三年之喪。

現今社會已經不再適合一一遵循如此古禮，但是要瞭解其中精神。

與時俱進

現今進入21世紀，社會大部分人都以小家庭為主，已非古代農業社會一個宗族人口有二至三百人口，現代家庭一般都只有三代而已，父母、夫妻、子女三代人口最多也不超過十人！

因此孝道文化，自然也會因時代不同而演變，大部分人會將子女照顧好，而疏於對父母之照顧！

色難

自古奉養父母衣食溫飽簡單，色難就不簡單、不容易！

現今有足夠的物質照顧年邁雙親生活無缺，但和顏悅色對父母照顧，則要好好地修正自己的態度，大部分都會因情緒煩躁等，對長上父母不耐煩，有時以大聲、甚至怒罵的反應來對自己父母！是否如此呢？

現今兩代之間常有隔閡、意見不同，有時兩代之間常有無明之情緒產生，彼此不讓步，因為是父母子女關係更密切，反而是吵得更凶、更激烈！「強爺生將子」才會更嚴重，對外人反而不會有此反應！

要如何異中求同？至不濟，也要理直氣和。這又如何解決色難、和顏悅色呢？「修持孝道」，就看如何處理這親子關係了，可以不認同，但不能失去做子女應有的態度！

孝道應是自然而然的行為

父母照料子女是其天性，而子女照料年邁雙親，則看人性、德性有否啟發！

父母對子女的付出是無限的，子女對父母的付出，時常是有限、有條件的，這是人類之劣根性！因為人們會記得當下自己照顧子女之辛勞，而忘記當初父母所做的照顧關懷。

要時時看到幼兒時，想到父母對自己的照顧關懷才是。孝道不是有條件的奉養父母，而是要體恤體諒父母身體心理之感受，才是盡孝道！

「孝道傳承」與時俱進之意涵

孝道傳承數千年 宗族文化生產力
奉養父母靠誠心 養身奉食更體恤
親子關係大學問 衝突就看孝德行
體恤雙親用其心 孝順不只物質足

奉養雙親不只是三餐衣食無缺而已，更要對父母和顏悅色、體恤心意，如有意見不同之際，理直氣更要和來溝通，切不可情緒反應，以激烈爭吵，這樣就失去了孝道奉養之意義了！

出生繁衍

每一位人類不論其累世以來的因果如何，能夠來人世間，都必要透過母親懷胎十月，才能夠出生為人；若是沒有經過母親辛苦的懷胎十個月，就不會有今日的您，也不會有傳承幾千年的「孝，德之本也」之說。

人自出生之日開始，即以孝為人之根本，所有地區之人類都具有孝道傳承，每一個人都必要盡到孝道，這是最基本的要求。否則，人類的傳衍就會受到很大的干擾，所謂孝道，也即是人類生存繁衍的根本。

中華孝經

孝道傳承舉世皆有，孝道傳承延續，使得中華文化亦可稱之為「孝道文化」，也是儒家思想的精髓所在，儒家思想於中土炎黃地區傳承了二千多年以孝道為根基，留下了世界唯一的《孝經》，這是關於孝道的經典，將中華文化有關孝道的紀錄記載其中。以《孝經》為基礎，慢慢的將中華文化奠基於「孝道文化」的內涵，從日常生活當中，將孝道流傳於後代子孫。

傳承千年

古代能夠識字的人不多，在農業社會中想要讀書識字不是容易的事，中土炎黃子孫將孝道的觀念通過生活中的一言一行，經由「身教」的方式，親身將「孝道」觀念和行為，落實於日常生活當中，同時，透過簡短字語（如千字文、三字經、弟子規……），從小的時候就教育子女。

兒女在耳濡目染之下，自然而然地將「孝道」融入於日常生活當中。這就是中土炎黃子孫在日常生活當中將「孝道」落實，也如實將「孝道文化」轉化成為「中華文化」的精髓，如此，來代代傳承「孝道」觀念。

總結

人類眾生來降生 必要經由母親身

感恩母親懷胎苦 就要孝順傳人生
中土炎黃孝子多 儒家傳承孝經說
日常生活來落實 中華文化久傳承

孝順父母乃是天經地義，孝道傳承必要透過自己身體力行，才能達到「身教」的成效。對於「以孝傳家」的中華文化，必將和「人倫綱常」一起推廣於整個地球村！

關愛地球母親，
保護人類共同的生存環境

人類需要衣食住行育樂

→

通過世間事物鏈，滿足人類生存的條件

不足
欠缺

生存
艱難

足

自然純真
之飲食

恢復平衡，
促進自然環境的
自我修復

貪圖口欲

過於精緻，特別需求

浪費、殺戮

有損
自身福報

身體不健康
文明病

破壞地球
自然平衡

形成
自然災害

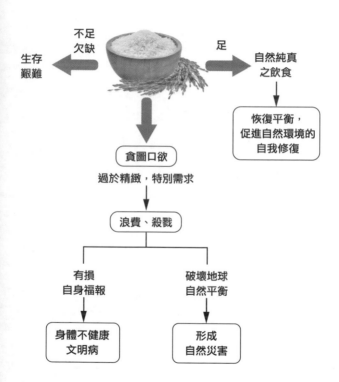

孝順父母
愛護地球

地球是人類的
衣食父母

Save Earth

我們只有一個地球

東西融合　全新孝道

東西差異

	社會發展過程	文明基礎	價值觀
東方	農業社會	以宗族家族為核心	傳統倫理道德
西方	商業社會	以社會為核心	科學民主

中土自有文明以來，以家庭三代結合宗族來發展，形成龐大的人脈人倫，彼此互相照顧提攜，這是因為農業社會需要足夠之人力、物力，才能將廣大之田地開墾、開發。中土以宗族家族為核心，緊密結合每一個人，由長上父母付

出心力勞力，來照顧年幼子女，也同時照顧年邁之祖父母，若不如此，無法把家族延續下去。

中國數千年來，以孝道為民族基本、治國條綱，歷朝歷代皆以孝為國之綱常，古云：「忠臣出自孝子之門」，「誠意、正心、修身、齊家、治國、平天下」，此為中土標竿之精神文化。

西方國家自有文明以來，以商業文明來交流，因此不需要龐大之宗族、家族，只要將貨物貿易、低買高賣，因此需要公平之商業法則、規範及科學計算，公平法則形成民主政治，科學計算形成科學邏輯。

西方國家無以孝為基準，並非不孝順父母，只是用另一種方式來報答父母之恩情，西方國家以社會國家來哺育子女、照顧年邁雙親，由全體人民納稅，由國家來統一照顧。

東西融合

東西方文明各有各的優點，也各有各之缺點，這是文明及國情不同，未來會逐漸融合雙方之優點，消弭雙方之缺點，除了科技科學以外，風俗民情也逐漸融合，藉由網際網路視訊傳遞，也將地球各地之民族國家逐漸融合成一體，接受同一個即時消息，接受同一個民主觀念，接受同一個倫理價值觀。

未來

試問這五十年來，中土之民情風俗改變了多少？幾乎全變了！除了基本價值核心外，食、衣、住、行、育、樂，全部跟五十年前不同，跟西洋諸國一模一樣否？這是世界發展的方向，只有融合交流才能減少紛爭戰爭。

因此，經過百年來之交流會慢慢融合地球文明，五百年後，更是達到水乳交融之境界，文化及宗教衝突也會減到最低。未來之東西方更會融合成一體，因此，人世間紛擾會隨時間而減少，孝道傳承也會因此而改變，**傳統的他律會變成自律！**

東西形態的不同

東西方生活形態的影響

國別	社會性質	文化特點
中華民族 群居生活方式，家族相互扶持，產生了孝道文化，並形成一系列的倫理道德。	**農業社會**	忠臣出於孝子之門，百善孝為先
歐美國家 父母子女各過各自的人生，二十歲成年自立門戶	**商業社會**	父母要有通貨隨身，以便不時之需，誠信、契約精神

未來地球村	**雲端數位社會**	
兒女賺錢更辛苦，還要靠父母資助	2038年前後，機器人、人工智慧取代大半工作，社會分工更緊湊，高階人才流動頻繁	養兒是義務，養老靠自己。新孝道與新三綱相互呼應，對父母不僅奉養三餐，還要照顧生活起居，讓父母能有更尊嚴的晚年生活。

東西方生存形態的影響

東方社會	父母作為	子女作為
古代：大家族、親戚鄰里 現代：科技普及，三代同堂、隔代教育、小家庭形態並存	一直將子女當做小孩，不能放手	壓力存在 啃老族 草莓族
西方世界	**父母作為**	**子女作為**
小家庭	子女成年後必要離家獨立生活	有機會磨煉成長比較快速

東方父母理應當子女能獨立自主時，就放手了。

新孝道讓父母子女
都能良好受益

	舊孝道	新孝道
形式	一日三請安 奉養三餐	讓父母能有更尊嚴的晚年牛活。
啟蒙教育	父母權威 子女啃老	陪伴溝通，從小有良善的互動 長大有良善回報以關懷、人生夥伴
身體	五十，垂垂老矣	七八十依舊精神
觀念	養兒防老	養兒不防老，養自己最好

父母對子女放手，抓住自己的人生

父母	子女
放手，與兒孫、媳婦保持距離	獨立自主
自由自在的心態	當下行孝的心態
1、對於人世間而言，沒有任何東西是可以永久擁有，都是借看、借用而已，不要心中有掛礙，日子就會輕鬆自在，未來的成就，是就靠自己來努力！	1、孝順不是飛黃騰達才應該做的，是從獨立生活就可以開始，在一言一行、一舉一動中做起。

2、該是你的，絕不會失去；不該是你的，強求也留不住。 3、提升自己、改造自己、轉變自己，自己的未來自己掌握，不可寄望於子女。	2、對父母掛念、真心孝順父母，不論是否與父母同住或相距遙遠空間，均在心中牢記父母養育恩德，身體力行孝順之行為，成為後代子孫的模範榜樣。

孝本自然

孝順父母是人類及天地生物之天性，人有感情之七情六欲，自然界之生物也有生存本能，每一個初生兒誕生，哪個不是由父母嗷嗷待哺、關懷呵護長大的？自然界之生物也是如此。人類眾生及天地萬物，除了少數奇特個案外，都是有其良善天性，對子女如此、對父母也是如此，難道諸位會對其子女父母不聞不問否？當作陌生人否？

母恩更高

父母恩情是從懷胎十月開始，這段時間由母親無微不至的照顧，才形成十

月臨盆之過程。臨盆出生之際，更是天人交關之關鍵，稍不小心，母子皆有極大之危險在；更危急之際，有可能母或子保不住生命，因此，母親之恩情是比任何事情更深、更高也！

家庭成員

子女成長過程，由父母勞力勞心來哺育、教育，不然，每一個子女如何無拘無束的成長！等其子女成年二十載時，父母皆已邁向老年氣衰，不復當年之氣盛壯年；身為每一個子女，自然會對其長年照顧之父母親，有反芻之心之行為，這是人類眾生之天性，除了少部分之頑劣子女外，大部分人都是良善，不分別哪一個人種、民族，皆是有其良善天性在。

總結

東西文明隨交流 科技民主變共識
父母勞心又勞力 子女報答是天性

東西融合形成新孝道，孝道乃人之天性，只要擦拭其內心，自然就會有良善行為產生，人倫大德其實在日常生活中就已經在落實了，不用再萬分之強調，只要把本性提出來，基本上就能將孝德行落實萬分了！

新孝道——科技時代重振人倫

以孝傳家

中土自古以來，就是以「孝」為人生最重要的德性，即流傳至今之「百善孝為先」，將孝道的精髓落實於日常生活當中，透過了《孝經》這舉世唯一的孝道經典，再加上了《三字經》與《弟子規》等，這些朗朗上口的簡單字句，在中土炎黃地區的小孩兒，從牙牙學語開始，就從父母口中學習這些簡短的道理，經過日復一日的學習過程，早就已經能夠倒背如流，完全融入生活當中，這就是中土炎黃地區「以孝傳家」的祕訣！

當下問題

時下，因為一胎化的施行，導致了每家只有一個小孩，孩子成為家中的寶貝，就形成了罵也不能罵、打也不能打，完全是呵護在手掌心，深怕有一丁點差錯，就會有「缺角」，也形成了現代所謂之「孝子」——孝順於子女，只要寶貝子女一開口，保證使命必達，絕對不打折扣。

若是形成了此種人倫體制顛倒之社會，人類眾生將會面對：如同滄海變桑田一般的重新修整，也就是如同混沌一般的結果！

改變現狀

《有笑到》闡述關於孝德行的精髓與內涵，重新學習孝德，開始轉變人倫體制顛倒的錯誤，吸引更多的「孝子賢孫」回歸。

新三綱常：

現今已進入一切嶄新的世代，男女平權，古代帝制的道德公論已難以符合現今世代來適用，上天也樂意來修整古老條綱規範，使新的條綱符合當今世代的潮流。

「君為臣綱」修整為「君臣忠義綱」
「父為子綱」修整為「父母子女綱」
「夫為妻綱」修整為「夫妻和合綱」

新十二德目：孝、悌、忠、信、禮、義、廉、恥、智、仁、勇、和合。

修正不良

「父母子女綱」的落實，能夠導正中土炎黃地區現行孝道顛倒的模式，否則，以此種孝道無法正常運作的情況之下，人類眾生尚未面臨空間溫室氣體暖化災殃之前，就會面臨人倫體制顛倒所形成的惡禍。

父母

期望子女：
對社會國家有貢獻
光宗耀祖
子女青出於藍而勝於藍
子女出人頭地
不要有不良行為，負面影響
……
各種很深的期望

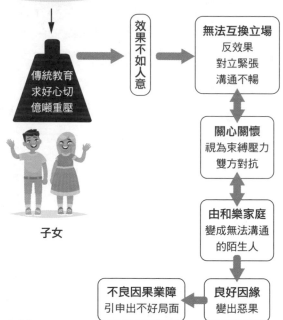

傳統教育
求好心切
億噸重壓

→ 效果不如人意 →

無法互換立場
反效果
對立緊張
溝通不暢

↕

關心關懷
視為束縛壓力
雙方對抗

↕

由和樂家庭
變成無法溝通
的陌生人

↓

良好因緣
變出惡果

←

不良因果業障
引申出不好局面

子女

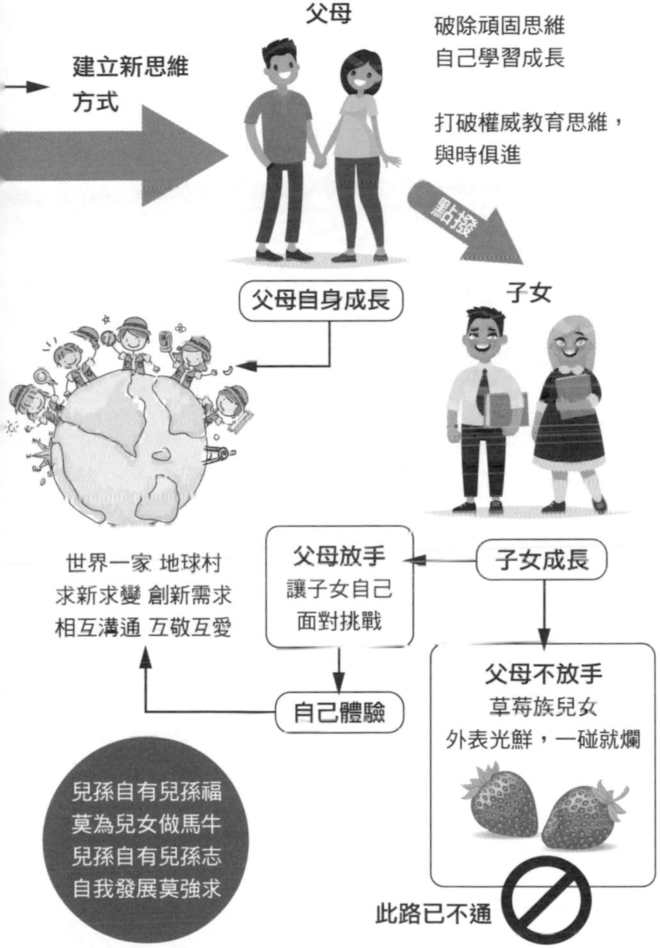

父母

建立新思維方式

破除頑固思維
自己學習成長

打破權威教育思維，
與時俱進

點撥

父母自身成長

子女

世界一家 地球村
求新求變 創新需求
相互溝通 互敬互愛

父母放手
讓子女自己
面對挑戰

子女成長

自己體驗

父母不放手
草莓族兒女
外表光鮮，一碰就爛

此路已不通

兒孫自有兒孫福
莫為兒女做馬牛
兒孫自有兒孫志
自我發展莫強求

第一部分　親子關係

今日子女，明日父母

是往復循環的過程

父母養育，子女感恩發自內心而行方能圓滿孝德

父母 **養育子女** 無我無為無私付出，提供物資、傳承經驗	→	**子女出生**	→	**陪伴成長**
天經地義 ↕ 人倫之孝德	→	**家風** 孝道 代代傳承 給子女良善榜樣做示範的傳家寶	→	
子女感恩 **父母養育** 有自己「頂天立地」的機會，孝順回報	→	**關懷陪伴**	→	**有能力：** **湧泉相報** 能獨立生活時就要做，並非一定要飛黃騰達才做

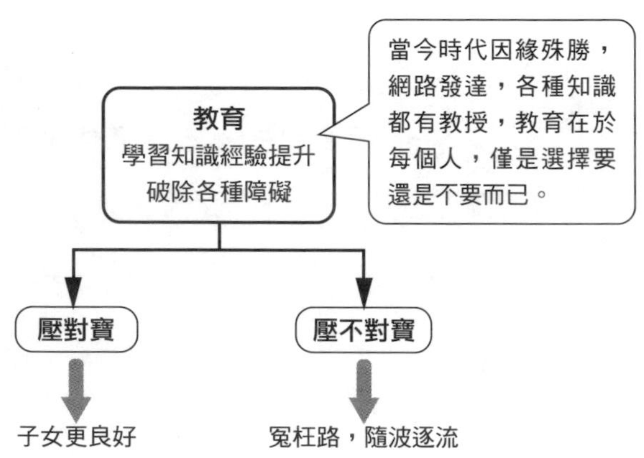
教育
學習知識經驗提升
破除各種障礙
當今時代因緣殊勝，
網路發達，各種知識
都有教授，教育在於
每個人，僅是選擇要
還是不要而已。
壓對寶
壓不對寶
子女更良好
冤枉路，隨波逐流

＊壓寶：這裡是指引導受教育者找到最佳的教育目標和方向。

父母行為對子女認知行為的影響

父母對子女

無為的付出，把最好的給兒女
希望兒女未來能有一片坦途、光明大道

物質給予	**精神給予** 
事業、金錢、妻女，給子女準備充分	傾聽子女心聲、瞭解其性向，不要過度安排，讓子女產生依賴感

留存太多，子女何必奮鬥？

讓子女親身體會、感受，
理解父母的用心和付出。

子女對父母

年少時認為理所應當
不能感知父母的所思所行

富裕家庭	**貧窮家庭**

物質多，親情淡薄 感受不到彼此關懷	物質少，珍惜擁有 親情滿滿

父母子女之間的親情，
能否讓對方感受到其中深處？

子女擁有父母的關愛體貼，
才會更有同理心，
更有鬥志，更有熱情，
更有目標為自己人生努力奮鬥。
和諧家庭，一般是成功人士的基礎

父母的教育方式對子女未來的影響

<table>
<tr><th colspan="2">父母的教養方式</th></tr>
<tr><td>放手</td><td>不放手</td></tr>
<tr><td>瞭解</td><td>不瞭解</td></tr>
<tr><td>鼓勵子女
往喜歡的方向去努力
↓
強化競爭力和挑戰鬥志
↓
未來成就不可限量</td><td>父母迷茫的未來
↓
父母成為「現代孝於子」把子女應盡責任、義務搶過來做
↓
孩子成為媽寶、啃老父母退休老本全賠進去又奈何</td></tr>
</table>

是否瞭解孩子的性向、興趣？

要有「子女是獨立個體，個性興趣皆不同」的觀念。

父母教育會放手，孩子就越早學會各種技能和生活常識。父母教育不會放手，孩子沒有負責任的機會，只會養成好吃懶做、依賴的習慣。人如果沒有機會面對困境和煩惱，又如何讓自己成長？也只是年齡、身材成長，心智卻沒有隨年齡成長，永遠只是個長不大的小孩！這種父母要負責任，父母越放手，子女就會越成長的。

第二部分　觀念轉變

人的一生不同時期

青年	中年	老年
培養心力、 努力成長 成家立業	養家糊口 奉養家中父母妻小	修身養性、安享晚年 活的快樂自在
方式一、對子女的教養，讓其親自面對社會種種考驗。 方式二、留下錢財、坐吃山空，造成依賴、不適勞動。		未來一、尊嚴安適。 未來二、父母萬般放不下，子女自然永遠黏著。

新孝道：父母選擇的教育方式，經決定了父母子女彼此的未來

15歲前的教育方式			
父母		子女	
希望子女：身體健康、頭腦靈活、心態樂觀、行為積極，成為社會棟樑才。		複製父母的行為。	
舊方式	**新方式**	**舊方式**	**新方式**
指令	關懷鼓勵、溝通	聽話、乖巧	心態樂觀、行為積極、勇氣十足
打罵、責備	陪伴、傾聽，瞭解子女性向、興趣，並鼓勵發展	不清楚自己的性向、興趣，根本不知道自己要做什麼	不用父母干涉自己的生活

15歲後的教育成果			
父母		子女	
舊方式	**新方式**	**舊方式**	**新方式**
拿出積蓄給子女嘗試各項事業、工作	讓孩子親嘗各種知識，只給予關懷、鼓勵、陪伴面對。	生活辛苦	良好個性，自己找到出路
子女成年後父母擔心較多，彼此都不好受	子女成年後父母不操心		具有積極樂觀的態度和勇氣，成為棟樑才，沒有任何一件事可以打倒孩子，反而會越挫越勇。
一生積蓄留子女，留多了子女爭奪，留少了子女怨恨，久病床前無孝子。	一生積蓄留在身邊，能有尊嚴的晚年，多做一些有益社會福德之事，快樂又自在。	隨波逐流	前途光明

當今社會，急需化解兩代溝通問題，對父母子女間不良示範做修整。

父母	代溝	子女
天下最偉大的無私付出，從懷胎到子女二十歲成年，用最優良的物質來養育兒女。	時代不同 角度不同	認為理所應當，感受不了父母心境，不斷向外索取物質、精神需求。
經常會變成仇人般		
化解之法：改變溝通模式、相處之道		

父母早期教育子女奠定未來基石，教養好，子女也會用心孝順、關懷父母；跟一位缺乏溝通、理解、尊重的人，又如何能有孝順、敬愛？只有敬而遠之，避免再起事端風波。

種瓜得瓜、種豆得豆，若不種善因，如何得善果？

父母→	想法不同， 做法不同， 摩擦、隔閡 產生	←子女
舊孝道	教育造成的行為循環：父母今天對兒女的方式，兒女成年後原樣還給父母。	新孝道
直接、粗魯、責罵		溝通、理解、尊重
一生皆爭鬥煩惱		一生皆無煩惱
苦磨二三十年時光		化干戈為玉帛
父母言行舉止，正是子女學習的對象。		父母對子女無私付出關愛，在言語行為上，也要讓子女感受到。

積善之家必有餘慶，積惡之家必有餘殃，就是這個道理，也是父母傳承子女行為舉止之延續。

時代發展，孝道教育方式也要與時俱進

舊方式	新孝道
古代君臣父子的垂直社會關係，已不適合現今社會，更不適合於世界各國。	新時代，建立君臣父母子女，人人平等社會體系。
古代親子關係	**當代親子關係**
親子互動：命令、指令、訓斥、責罵	尊重彼此觀念，關懷、交流、溝通、支持
一輩子陪伴	只負責到二十歲
心力、財力、氣力支持	心力、身教、言教，父母在一言一行中做示範
父母包辦子女一生	父母放手，讓子女自然成長

子女會以父母照顧自己的方式來回報父母

父母若以權威教育，子女在父母年老時，也會以自己思想來考慮，以自己思維方式來孝順父母，勉強父母來配合子女環境，子女也會自我感覺良好。無法自理者會按子女生活方式做安排，心有不滿又奈何？

父母子女圓滿家庭的良好方式：

父母放手	子女（年少時）
放鬆對子女的 教養觀念	有自由發展的 輕鬆環境
相處融洽，子女較少有叛逆行為	
父母（年老時） ↓ 開心歡喜	子女複製父母行為 ↓ 以父母所需求來照顧， 父母心理素質高

百善孝為先，中華道統之根基——孝道倫理傳承不能改。

孝者，明其意向；順者，體恤其心情。父母需求為第一優先，這才是「孝順根基」的本來，讓父母高興、歡喜，讓父母沒有任何負擔，是孝順必要注意的事項。對於「孝順父母」所傳承，就必要符合父母所需求，而不要自以為是所行持，那就不是真正孝順的根本。

孝順乃人倫第一德性，能夠在人世間來完成個人的使命及任務，一定要先孝順父母，才是為人子女所應有的作為，古人認為：上蒼必會獎賞以「福、祿、壽、富貴、財富」作為至孝之人的回報！

如何回報父母之恩情？將心比心，不辜負父母昔時養育恩澤

孝德行

古農業社會	今工商時代 （未來：虛擬網路時代）	
衣食住行在一起，父母子女依賴緊密，關懷三餐溫飽。	科技發展，社會數位化，社會分工更加細緻，子女外出工作於不同地域（國家），父母子女一年見不到幾次面，情感疏離，無法關懷父母生活不便，更何談父母精神需求？	
	孝之作為	不孝之作為
	體認父母物質及精神需求，時時刻刻關懷父母，設想精神有何欠缺，並能補充其不足。	出門三千里，離開父母數十年，完全不關懷父母大小瑣事。

	百善孝為先，所有盡孝者，會有很大福報加添。	父母尚不知感恩，況乎他人?!當今社會如此無孝義之人，無人願意交往，故知其未來暗淡。

對當今時代已邁入工商社會，未來更是虛擬網路時代，就已經脫離食、衣、住、行之基本需求，未來會有父母及子女情感之疏離產生。因科技發展，一切又以數位化為主，新一代年輕人往往出外工作，甚至不在同一個國家或地區，父母跟子女一年見不到幾次面，身為子女必要體認到父母在物質及精神層

面，更需要子女時時刻刻來關懷設想，而不是「出家門三千里，離開父母數十年」的，完全不關懷父母生活大小瑣事，這就是不孝了。

子女能體認父母之恩，該如何孝順父母呢？

回報、奉養不僅是供父母三餐溫飽	
無私付出心態	父母用青春時光呵護子女長大成人，子女也用相同的心態，回報父母，在日常生活中尊重、關懷父母的精神，讓父母物質生活無任何不便利之處。
珍惜有限時機	把握當下，切勿：樹欲靜而風不止，子欲孝而親不在。人生時光有限，能陪伴父母時光更為有限，能與父母相處時間過一天少一天，他們會有離開的一日，等無常到來時，想多看多聽父母一言一行，更無機會。

互換立場 尊重父母 決定	面對矛盾觀念和不同想法，應理直而氣溫（和）；如意見向左，必先退一步而非堅持到底。
老人 孩子心	父母教小孩走路、吃飯、各種事務，也是反復數十次，耐心、耐力、耐煩；當面對父母老邁、氣力不支，記憶減退，行為遲緩，說話做事嘮叨，觀念固執難化之時，如今，子女也要對父母耐心、耐煩來回報。

歐風東漸下的養老觀念轉變

	當今時代	古代
老者	子孫送到養老院，給自己再找個快樂窩，歐美國度的養老方式日漸進入中國。	三代同堂，與自己子孫菽水承歡。
時局與認知	一、進入養老院 1、養老院中有同伴，無須獨自守一房； 2、琴棋詩書歌詠，遊山玩水，樂度晚年，是一個學習成長的契機； 3、老病就近醫治，少受病痛，且不會拖累兒女； 二、當今時空，子孫辛勞，無法陪伴老人；	父母、子女、親友、鄉里，相互照應。

	三、現代養兒女防老，與子孫同住，彼此都是一種折磨； 四、替兒女辛勤所累積的，兒女不一定會認同。	

歐美國度的養老方式　　健康養老養生村，讓父母親能有更大的空間，也不是只留存於自己家中而已。能明白其中奧祕否？好好思維吧，何必替後代子孫做太多又造業，何苦做此得不償失之行為，其實夠用就可以了，必要為自己日後出路做打算。如果難以釋懷一定要如此，也就太不聰明，又太憨了！

看清世相，一生所做也只是自己一人所承擔而已

每個人帶著
累世福報和
業障而來今生。

夫妻伴侶僅是
各自不同因果牽纏而已，
一世所為所生因果、
業障也只有自己承擔而已。

看清楚了沒有？能放下心否？
這是自己所有的抉擇！細思之，必能明白一切。

當今時空因緣，可以讓自己快快樂樂過了未來之一生！人世間就是如此行徑，不求自然會得到，求了反而得不到，此種看清楚了嗎？能否放得開？能否放得下？只有自己一生之陰騭功果及業障牽纏會跟隨自己，而輪轉到下一世。對子女放手，不要太多干涉子女，把握自己的當下與未來！

第三部分　落實新孝道

堅定信心，從自己做起，展現心靈力量的原則

1、沒有最好，只有更好，反覆運算進化，不斷超越。

2、當代量子力學理論，證明了意識對物質存在的決定性作用，人世間萬物皆可唯心所造，即所謂之「意識起現行」！心靈的力量無可限量，故「只有想不到，沒有做不到」的事情。

3、「命中無時要造就」，「無中來生有、有中來存實」，家業、事業、道業，皆能用此法來創造和

化除瓶頸。

孝德行落實過程，也是叢書的推廣過程，其中所下「弘願」即是心靈的力量

1、自己向上天來認真宣告；

2、再以不間斷的毅力與堅志決心來執行；

3、次次回回加上一天天的努力，一段時間過後再來回首，便已有一個小成就；

4、必要堅持更久下去，更能看出致使一切不同之里程碑。

例如：大道真佛心宗[1]天音傳真著書上課，半年一本，二十多年下來，就完成了相當浩瀚之「大道系列」叢書[2]，有如四十餘冊人生百科全書。如此，能領略心靈力量，亦即是廣大之「願力」否？

1. 大道真佛心宗 見P170
2. 天音傳真著書上課 見封面後折口

落實之法

即是在大目標方向下，給自己每日設一個小進度，就是為自己的努力與付出，適時給予讚歎及鼓勵。如此經過一季、經過半年時空，再來確認進度，都會有相當驚奇與喜悅。在道業上精進更是如此，自然心裡充滿法喜，愈修持法相愈莊嚴，可謂是相由心生。自己能為

自己未來加添、累積「福德陰騭」，就是由自己的努力，由自己來擷取良善好能量，正是利益自己也能利益有情人類眾生所回獲，期盼大家一起來提升超越。

叢書的價值

「活在心中」書系是把人世間過去條綱重新下化，利益未來文明的健康有序發展；

其中，本書《有笑到》的意義，即「百善孝為先」來示現，在家庭中豎起一個善良磁場，然後擴及周邊同學、同事、親朋好友皆受益，此種作用將會使這個社會愈來愈好。

《有笑到》全新闡述「孝道」之概念意義，將德性注入一言一行之中，對日常生活就能有良善德性能量自動來開啟，而且所循環累積對於家中氣場德性可增長，才會有福德良善的後代來傳承。

未來方向

未來日子裡，個人主義、英雄式成功將漸漸式微，因為人心暴戾之氣已在過度強調成功之中，形成功利主義無限上綱！上蒼遴選「產業、學界、科技」等方向的人才，須能傳遞上蒼關懷、溫暖之德澤，以此感動、提升人心，才能順利協助自己與團隊在嚴峻景氣循環中生存、獲利。

未來熱銷產品、成功團隊，其背後有一個共通點，都有存在該產品之動人故事，皆是取之於社會、用之於社會，讓這股「溫暖」流動起來，用言詞表達：即時下所言「社會企業」與「社區經濟」。

大道真佛心宗是社會企業與社區經濟之典範

二十餘年來叢書著作，是天時地利人和、海內外讀者，日日月月年年所護持的；又以冊冊無誤無償寄送到各位手上，來回報社會。

「大道人生系列」，以一步一腳一

個印，落實真實理諦，體恤天意，溫暖人心，傳遞上天德澤要義，而有了學習聖賢之教育課程，相助讀者明白自身在「心靈」與「社會」所產生立基及其相關的教化功能。

科技發展必會愈趨快速、多樣化，需要由其規範來導引方向，終至達成造就全人類與地球萬物萬靈共同福祉才是，「大道系列」叢書、「大道人生系列」都是心靈深耕書籍，更是「德性能量」導引方法之典籍，其傳播應用適當的語言與宣導方法，以達宣化廣布之功，讓更多人知悉、受益，此實為大眾之福，更是全體同仁應努力的方向。

大道真佛心宗成員在潤生之餘，將道業融入生活之中，無論是家庭經營、為人處世、事業追求、人際培養，對外給予溫暖且關懷，這樣作為將無往而不利。所以在叢書閱讀之餘，將新孝道落實並融入生活之中，帶給身邊人無盡之正能量，回報己身亦是一股善因緣之開始，一切將使自己感受煥然一新的。

總結

百善德性孝德基 中土炎黃是第一
孝道傳承於中土 孝德傳家靠自己
人倫體制來顛倒 這種情況真糟糕
新三綱常來下化 落實人間如實行

孝德是人類眾生能夠傳衍的基礎，若能如實來推廣，有如中土地區之「身體髮膚受之父母，不敢毀傷，孝之始也」，若能做到這樣的程度，就是能夠減少很多的殺戮行為，也能降低很多的宗教戰爭也！

啟動孝道能量，
發自內心、自然而然而行

第一部分 反思生養教育的過程，啟動孝德能量

懷孕之初面露春風

初初得知欲為人父母之時，心中有大大喜悅之情，自此而後之日子將為家中加添丁口了，這是何等喜悅啊！一切將變得不同，尤以小家庭來言，家中有了黏著劑，所有人等將環繞這個小寶貝來作業，不像以往各忙各的、有交集都很難，現在將加添丁口，所有話題、所有考慮出發點，都將落在這個將出生的小生命中。一切大大不同了，喜悅之情難免露出在外，面容可輕易讀出喜訊，春風滿面、笑容可掬呀！

亦喜亦憂

心情忐忑，擔憂煩惱，一則以喜、一則以憂，會有許多的顧忌，擔心營養、出入平安，以及各個行動、運行，都要多多考慮這個腹中的小生命才是；尤其身旁或是醫生一句無心叮嚀的話語，在準父母的耳裡，可是比天還大的聖諭啊！說好，心裡就放下一些；說不好，可能憂煩個幾天，尤甚者，還可能擔心到孩子出生的瞬間，可謂影響巨大呀！

這代表準父母心中，將小生命的比重提到最高，嚴陣以待、一點都不敢怠慢，這是人類與世間有情的孕育奧祕也！也是如此，才能代代相傳以往，而促成每個人改造的機緣與空間！

共同體

隨著胎兒的成長，身體負擔日日加重，歷經了初期的不適，準母親能體會與腹中胎兒，既為二至多個生命，但亦又是同一共同生命體，如此一個奇妙的合一旅程，或許最接近與宇宙萬物合一的境界就在此時。有人體會到懷孕會使準媽媽的靈敏第六感增強，或是有明顯夢示與偏財運，即是因為靈性的加乘而有增強之感，也是宇宙的另一奧妙之處，真是不同於以往！

另一實證：早期懷孕不適感或是易嘔吐，是因為腹中胎兒在與準母親，共

同調整體質與尋找需要的能量(食物)，而導致的再正常不過的現象，準母親此時要多加注意營養的攝取，因為腹中胎兒所需就這般多，這個量若不加重外來的攝取，胎兒就將從母親的本體去直接吸收，未來將使母體要補充變得很難吸收得進去了。

行住坐臥諸多不適，隨著腹中胎兒的成長，準母親體型亦改變許多，多的是重心的轉移，骨頭、內臟的移位，更多是身體負擔的漸漸加劇，酸痛不適更是在所難免，不能好好躺下睡一覺，這樣的日子過了十個月也大有人在！

每個母親都是這般懷著諸位，而圓滿的誕下各位，試想之：對母親及其身邊的父親與諸多助緣，就得報以更多感恩之心才是！

人生大難

「生得過，雞酒香，生不過，四塊板」。現在醫學相當發達，但生產亦是有其相當之風險存在的，產後出血不止的憾事，亦是常有所聞，併發症更是不勝枚舉，每位上產台、手術臺的母親都有此決心，懷著「若真有萬一，就要先保小孩」這一體認，來赴此一盛事的，這是父母之愛的偉大啊！

感恩

各位已為人父母或將為人父母者，手中抱的要好好愛護，生養汝等的更是要報以孝盡、感恩實際作為，才不枉生為人身之殊勝因緣，有幾個人會為汝等把生命都先放一旁的？汝等之尊親就是頭號二位為汝等賣命者，不孝不敬雙親，更要孝敬何人？

「手抱孩兒方知父母恩」、「百善孝為先」，亦自孝養孝順雙親開始。得父精母血、無私的供養，才有今日挺拔之身軀，才有促成向上、向善的機緣，不是嗎？好好體會與實作，將能有莫大動力，再在大道護持路上堅持不懈得到成果的！

總結

初聞珠胎結善果　面露春風笑容有
忐忑心情多擔憂　身體變化日日走
負擔日日來加重　行住坐臥難行動
若是腹中胎兒需　爹娘決心一切供

「珠胎善果」因緣之不易，希望有緣閱讀之善緣，能夠珍惜生命，延續大道的殊勝。未來世間者，謹慎來觸緣；已來世間者，別輕易放棄生命，一切都不是這般容易與隨便可得的，勿把上蒼的好生德澤打亂了，不僅自負因果又悖天道而行，浪費了此生生命的價值與意義，真是可惜了！此身難得今已得，但望各位能把握契機，在大道的路徑、如理如法的盡己之力，可不美哉！同勉之。

上天無私德澤照拂萬物，不敬天地，敬何誰呢？父母無為照顧付出，不孝父母，又能孝何誰？好，今日道出懷胎機緣之不一般，望好生回味，看似一般卻是不同凡響的課題，靜心思量，找出初生感動，好好熱愛珍惜己身生命，發揮價值才是！體會父母生育之恩，體會上蒼厚德照拂之澤，把握人生與人身，好好盡其在我，成有用之材才是！

孩子成長過程

母親生產痛苦 幾十小時母子合作	→	**嬰兒降生** 聽到第一聲啼哭， 母親喜悅
↓		↓
三年看護 初生嬰兒 2-4小時為一循環， 日夜無休 哺育、更換尿布、 照看健康、睡覺	→	**哺乳期** 孩子哭、父母也哭； 孩子笑，大人高興。
↓		↓
父母生養教育 家庭、社會各種現象	→	**幼童** 實踐
↓		↓
不斷付出、引領		感知
父母無私無我的行為		子女體悟、感恩回饋

家庭道場、學習良機

藉由生育過程改造，父母來體認上天與上一代的德澤，進而與大道印心，觸發每個人的道程與學習上進心才是，突破表像，進一步深究上天意諭與大道之理。修行始於個人、始於家庭，這是大道落實第一環，用生活印證唯識理諦，同上天來印心。

嬰兒百日哭

嬰兒長期啼哭，俗稱百日哭，一般診斷疑似為腸絞痛，其實是嬰兒重新適應生存環境的過程（1、日月相對有白天黑夜的環境，2、無法完全隔絕無形空間的影響），也是家庭適應新成員的過程。

父母養育子女過程

飽滿壯年，精神奕奕 	1父母無私付出、養育照顧，是世上最無私、最偉大的行為，猶如天地之大愛，不摻插任何自私成分，也不求回報。 2家庭猶如避風港，讓子女休憩，再度振作，重新出發。
↓20年	
步入中、老年， 精力、體力、氣力都下降。 	希望子女成為社會之棟樑，底線至少是不危害社會。

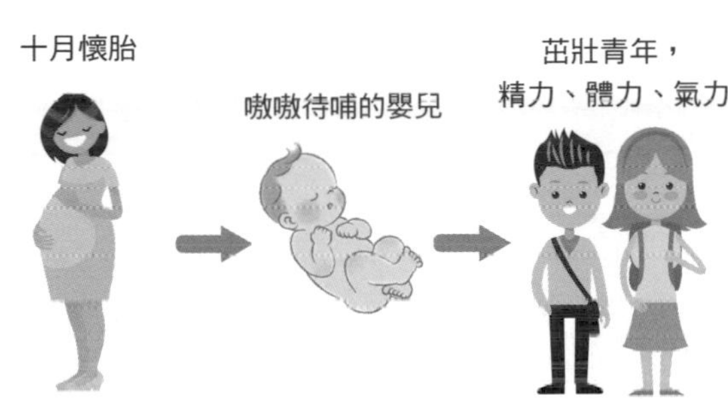

父母之恩， 需子女用心覺察體認。	
能體認	不能體認
感父母恩德， 能無私回報父母。	說再多孝道倫理，也是過往煙雲，隨風而逝，又有何益？

父母永遠是靠山、
避風港。

人生處處是道場，在生活轉變中（養育兒女）作練習，讓自己不斷學習成長。

生養孩子的過程中學習、成長	→ 父母境界提升
↓	↓
父母親身示範，無我、無私、無為的過程，期間都是把最好的給下一代。	留物質、留知識，不如給後代靈性上的增長。
↓	↓
養育兒女的過程，明白自己父母之苦心經營，感同身受是昇華品德的關鍵點。	將培植德性、深耕福田的方法，傳承給兒女。
↓	↓
明白體貼父母，長養慈悲心懷，廣結善緣，圓滿人生，贏在人生終點線上。	讓孩子自小長養慈悲心、同理心，與人為善、廣結善緣。

養育子女的過程，是親身德教示範「無私無我、破除我執」的課程，是培養有德子孫最為至要一環；養育子女可貴之處，就是體驗並示範了無私、無我、無為的過程。

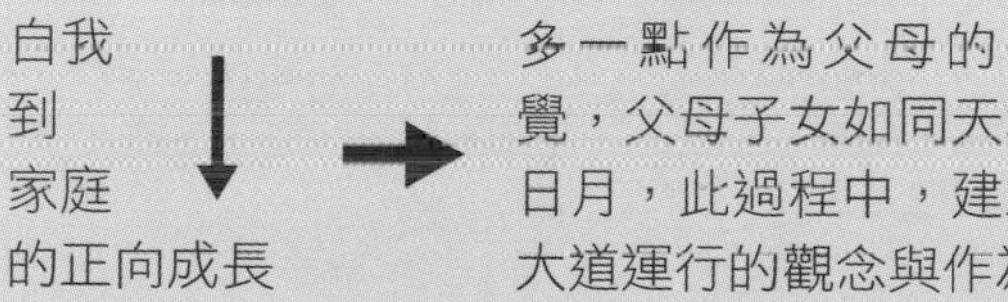

至高境界的一個體驗
自我
到
家庭
的正向成長
多一點作為父母的自覺，父母子女如同天地日月，此過程中，建立大道運行的觀念與作為

養育子女的過程循環往復，今日之子女、他日之父母

嬰兒光溜溜來到世間

父母與其他親人 助緣成全	父母體驗 無中生有的過程

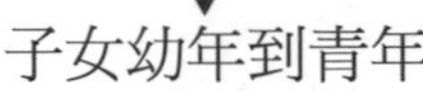

子女幼年到青年

父母對子女	子女自己的
衣食住行一應俱全	時間、空間、金錢 充分的自我，彈性發展
父母示範無私、無我、無為的過程 體驗並建立大道運行的觀念與作為	

待有孩子後，預留費用：奶粉、尿布、醫療、早教、學費等，預留時間空間陪伴孩子

物質	精神	所做的決定
壓縮自己的時空，重新分配金錢。	心理上自我重建，少一點做自己的我執，人生第一個有捨必有得的學習體驗。	以家庭為單位，舉措更圓融，通過溝通、探討來決定。

從此開始有逆向思維

感恩回饋父母及祖先的恩澤，
在生活食物鏈中，作無我、無私、
無為之實踐。

思想境界昇華

感受天地宛如父母般照顧萬靈蒼生，
境界昇華為感恩天地之無私無為。

子女行動是複製父母行為，不是聽從父母言語

父母	→	子女
衣食住行育樂中 的一言一行	→	不斷學習複製 重複應用
期望 ……		實際 學習生存 尋找自我
應行		**應行**
孝道身體力行 成為子女榜樣		體會父母心意 勿讓父母難過

教育內容方式方法古今對比

<table>
<tr><th>古代</th><th colspan="2">現代</th></tr>
<tr><td>教材：千字文、三字經……
環境：私塾、族學</td><td colspan="2">教材：系統教材
環境：學校</td></tr>
<tr><td>家庭、家族
行為複製
↓
孝道傳承
↓
尊敬父母師長</td><td>群體生活
交叉複製
↓
無孝道傳承環境
↓
不敬
父母師長</td><td>→形成「只要自己喜歡，有什麼不可以」的錯誤觀念，人倫道德傳承缺失。</td></tr>
<tr><td></td><td colspan="2">父母必須身體力行、
以身作則，
才能恢復孝道傳承子女。
↓
傳播新三綱，創造和諧社會</td></tr>
</table>

人倫道德傳承之典範，自然運行之真理

父母	子女
時間空間、心力財力，奮鬥不懈，日復一日年復一年，無私無為無我的付出。	能否明白父母付出之心，將感恩孝德，自然而然來行之。

父母天性	能行孝	不能行孝
德性豐盈	德性豐盈	還需人天福報，貴人明現，才能化除障礙

兒童教育：要好兒孫，必先自己有好德性與操守作為身教。

父母期盼：1、孩子成長為對社會有用之才，不要帶給社會負擔。2、對社會人類有所貢獻與幫助。

為人父母者，必會省吃儉用哺育兒女，若輔以德性的滋長才是一勞永逸之舉。父母無私無我無為的奉獻，撫育孩子成長，奠定孩子「德性、道性、貴人、眾生緣」之累積，成就源源不斷的福報與償還業報的效益。

舉例：

父母上進的學習風氣感興趣，就用百分百的努力去鑽研	父母樂於閱讀進修守時上課，風雨無阻

傳承同理心、關懷心、包容心之德性

在道場，次次回回做義工服務，為人分憂

父母能如此行

教導出的兒女才是今時與未來需要的創新性、德性具備的人才，才是家中德性傳承的良善好後代

孝道報恩，成為兒女典範

孩子幼時需要父母
全心全力的照顧

成長

每個人帶著累世福報業力、一生命業降生人世

父母責任：教導孩子認識萬事萬物，教導孩子認識倫理道德

天暖天涼：加衣添鞋
三餐加點心：色香味加營養
空間探索、寓教於樂：安全加趣味
出門遊學：看世界，認識大地萬物
接觸人群：學習群體生活
……

父母給予生存護佑，供給生活所需一切

家庭支出重新分配
壓縮自己
留給孩子
衣食住行育樂
保險
財務規劃
……

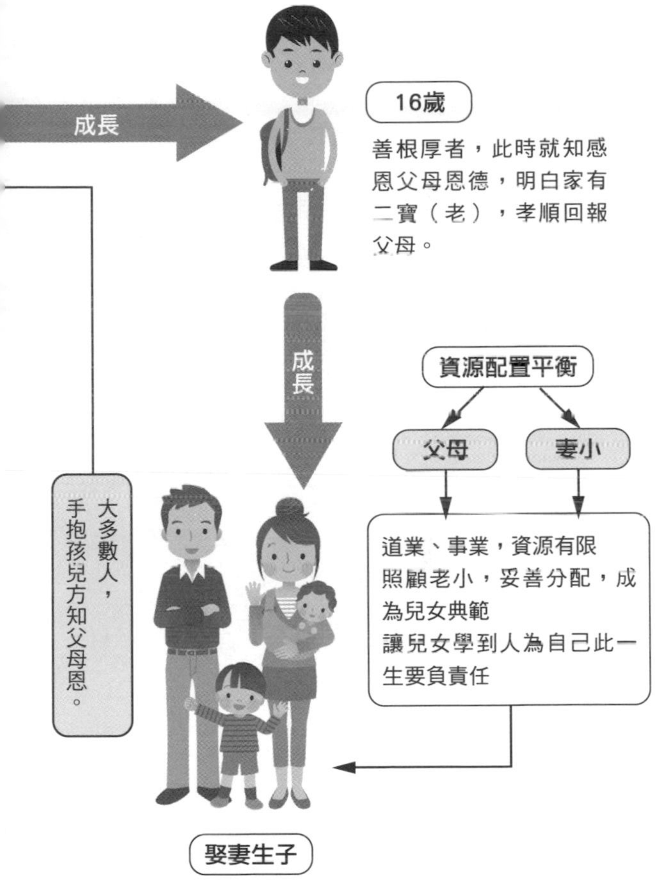

成長
16歲
善根厚者，此時就知感恩父母恩德，明白家有二寶（老），孝順回報父母。
成長
資源配置平衡
父母
妻小
道業、事業，資源有限
照顧老小，妥善分配，成為兒女典範
讓兒女學到人為自己此一生要負責任
大多數人，手抱孩兒方知父母恩。
娶妻生子

今日的子女，他日的父母

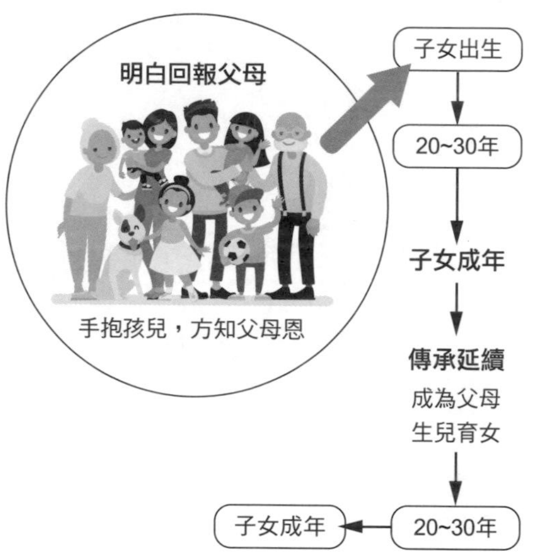
明白回報父母
手抱孩兒，方知父母恩
子女出生
20~30年
子女成年
傳承延續
成為父母
生兒育女
20~30年
子女成年

每一位父母也都是從子女轉變來的，是由上代祖父母來照顧父母，再由父母來照顧子女,形成未來子女變成了父母，又繼續照顧下一代，傳承延續、代代相傳。

每一代父母不論環境好壞、物質是否豐厚，都是為了子女無私無為的付出、養育、照顧，在人世間父母親是否偉大？這是無庸置疑的！此乃宛如天地的大愛，不摻插任何自私情分在內，也不求回報的。

至孝奉養雙親，社會有知恩感恩之風氣行為

父母無私養育子女到成年，需耗盡

二、三十年時光，期間所付出心力、精神不知有多少，並非用筆墨可以衡量出來；每一位子女都需要父母極多的關愛及照顧，並不是一夕之間即會長大的，父母付出大量青春及資源，只為能讓子女成才，成為社會上有用的棟樑才。

每一位父母都是子女的保護神及避風港，子女在外受到不公平及不適應對待，只有父母能為子女提供一處休憩地方——也就是家庭，讓子女能夠重新出發，再度開始努力振作。

身為人子難體認到這一點，往往要到成為新一代父母之時，故此古語有「手抱孩兒，方知父母恩」。

第二部分　父母子女思維的異同，彼此理解包容

人生家庭

每個人都有其生命考題，短則需幾年，長則一輩子的時間來學習，並交出成績單；人生學習的考題，最基本就在家庭之中，而最初開端就在親子關係當中。

家庭裡的所有成員，都是累世以來最有關係的因緣聚合而成，才有此一殊勝因緣，來一同降世、一同圓滿，以期百年身後，不枉來世一遭才是，故圓滿各段因緣都很重要，不要陷入人世間之短視與意氣用事，是為至要。

無私付出

父母親子之間的關係為第一要件要來圓滿，做到父母慈愛、子女孝順，這才是有向外發展、向外圓滿的本錢，亦是「原生家庭」的圓滿，每個成員才有光明未來。

親代孕育子代是人的天性，手心向下、呵護之至、捧在手心，這是天理通則，照顧子女一粥一飯，乃至於衣食無缺，大有所在，捨得添衣添褲鞋給子女，自己的衣物卻是一補再補的癡心父母，也比比皆是。兒女一有生病受傷，更是寢食難安，再堅強的強人父親，都可能在看兒女受苦的當下，流下男兒淚，可謂：天下父母心呀！

乳哺三年，父母皆不能一覺到天亮，頻頻起身照顧子女需求，有時睡意全無，呆坐天亮。啊！又是一天，準時上班的上班、操勞家務的，開始陀螺轉，真是好爸媽！熟睡的孩子，你可知道！所謂：養兒方知父母恩，便由此開始！

教育傳承

現代不比當初了，孩子與父母皆為獨立個體，互相尊重，不再能以威權來貫徹教養，多的是傷透腦筋的拉鋸戰。親子教養，可謂是現代圓滿因緣的第一要事！

其實，孩子不是用「教」的，孩子

是「複製」親代而來的，套句你我熟悉的話語：「龍生龍、鳳生鳳，老鼠生的兒子會怎樣？一樣打洞嘛！」這就是：「要好兒孫，先怎樣？自己先積德嘛！」「以溝通取代責罵」，把孩子當作夥伴，讓孩子自主與父母來做良好的學習溝通，也就是父母要先夠好，孩子就學得好！

教育孩子比的是「修養」、是「德性」，不是比誰罵得大聲或打得激動，別弄混了方向，畫虎不成反類犬，就離修持圓滿因緣結善業之路南轅北轍了，可惜了人生！可惜了時光！可惜了因緣！人的生育有機緣與時間，孩子的成長亦有時間階段之不同，好好把握，教學相長，對孩子、對親代都是圓滿人生契機，開始善的因緣果報！

破舊思維，立新思維

過去威權時代的思維，會把孝順解釋成權利與義務。而今，孝順應該是建立在「愛」這個宇宙最偉大的能量之上，也就是：一個孩子自主說出：「我孝順父母，是因為我感謝他們的愛，是因為我愛他們，而自主意願的付出，就好比當初他們養育我成人般」。

展望時代

現代的父母也不容易，既要學習，還要陪伴，更要潤生，爾後，還得細細思量引導孩子的方向，最終，在老年也更要經營自我的生活，養兒防不了老，養兒是來一同上升超越的另類同修夥伴。這些教義，希望今時今日的現代人，能好好更新自己的觀念，愈活愈自在、愈修愈快樂，煩惱不來。

總結

孝德的因緣、一切的德性，是在真無為中而建立而累積來的，雖說真無為，但其是有為法，有為地為自己圓滿宿世因緣，奠下上升超越的基石，所有的法門在其背後的意涵，皆在成就自己提升的路，通過服務他人為自己累積資本，好好努力，絕不吃虧！

父母子女

人在世間中出生，皆受到父母無微不至所照顧的，又有誰不是由父母親所出生、照顧來長大成人？每一對父母皆要付出很多心力、精神，每日都必要無微不至的照顧，讓後代子女無憂無慮地成長，無憂無慮來生存。

但在大部分的子女皆認為這是父母理所當然、理應如此要付出，等到有朝一日自己為人父母之時，才能體認到當初父母照顧之辛勞，經常變成為時已晚，年邁長上雙親已垂垂老矣，唉！又有者父母已過往仙逝了，只能將遺憾留在內心深處，而無法報答父母養育之恩。

惡陋因果

如果遇到頑劣之後代子女，反而認為父母所付出一切皆是理所當然，父母把我生下來，自然要照顧我一生一世，直到父母不在人世間為止，如果不滿意父母所給予，父母所付出不合子女需求時，甚至會惡意動手動腳、辱罵雙親。這種情況就會讓年邁雙親，內心百感交集、又是相當無奈。

初生三年

母親懷胎十月，每日皆是擔心受怕，對腹中胎兒之成長，有否健全四肢、神識感官一切等；在其生產過程當中，母親痛徹心肺又苦痛萬分，才能將子女順利生產。

出生之後三年 ，每日把屎把尿，無微不至的照料，深怕稍微不注意時，幼兒受風寒病菌所侵襲而影響到未來。

守孝三年

中土古代三年之喪，是為了回報父母親在嬰幼兒時期三年所照料，是回報父母長期辛勞，現今科技文明雖然沒有將此古例留傳下來，但後人應該瞭解此種精神意義。

同樣過程

父母照顧子女到成年，需要二十年時光付出極大精神心力，才能讓子女安然無恙地成長，因此中土自有文明以來，皆是以「孝道人倫」為文化基石。父母照顧子女到成年獨立了，子女照顧年邁雙親到晚年仙逝，除了孝心孝行之外，也是讓子女能有回報父母養育親恩之機會。

天地五倫（君臣、父子、夫婦、兄弟、朋友）正是以孝道為先，除了自身父母外，有誰會為汝等真心作犧牲、無為無私地付出？除了父母雙親之外，天底下沒有任何人可以做到此等地步！

人生循環

反觀每一位子女，終有一日也會有變成年邁、垂垂老矣的老人，到時，願意後代子女對汝不聞不問否？內心又作何感想？「養兒方知父母恩」，如果能感同身受父母所有功勞，自然每一個人皆會是「孝子賢孫」的。

為何對自己哺育子女來付出耐心、關懷，就會很容易？為何對父母長上要付出耐心、關懷很困難？

因為大部分人類眾生，都會忘記父母當初所有照料的辛勞，也只記得當下自己哺育子女之付出，所以才會形成如此落差！將心比心對孝心孝行，要對父母雙親能夠保有「同理心」，當初精神奕奕、體力飽滿年輕的雙親，現今已經是精力衰竭、體力不濟、反應遲緩年邁之老人了！比當下所哺育的子女，身心靈更為不濟又遲緩，更需要用心來體諒照顧！只要能體悟到這一點，自然孝心孝行必會湧現，未來後代子女也會按照汝之行徑來做的，不用任何人提醒，就會發自內心來身體力行。

總結

父母雙親皆年邁　長年付出用心力
照顧汝等到成年　多用關懷多用心
色難體諒輕聲語　晚年遲緩精神衰
照顧回報父母恩　人生滿圓孝德行

身為子女要認知當初汝等嗷嗷待哺時，父母無私無為付出、全心全意犧牲的辛苦功勞，作子女必要有同理心，體認父母所有付出之一切，更進一步來回報父母恩情照顧，才能讓年邁雙親之晚年當中，在人生走完最後一段路程能夠無撼、無牽、無掛礙，讓子女也能滿圓人生中最大、最深恩情作報答！

人生有限之歲月，能關懷父母之時光更加有限，必要能好好的把握這短短之時光，莫待父母親已經不在人世間了再來悔恨，那是為時已晚矣！古言「樹欲靜而風不止，子欲養而親不待」之警惕，提供大家作參考！

胎教基本：如何培養有德子孫，興旺家庭？

傳統胎教：語言、閱讀、音樂、藝術、觸覺、光照……

進階胎教：開發靈性、靜坐、冥想……

如果在兩方面導入《大道系列叢書》資源，效果更佳！導入大道資源，提升改善本性中的不良與缺失，如能參加著書上課，更能使胎兒藉母體與環境「淨染、染淨」而成為良善胎教。

胎教參與大道真佛心宗叢書著作與活動，將大道能量注入日常生活，開啟善緣好循環：

1、著書：高能磁場照拂與淨化

2、拜懺法會：攝受經典教化，懺悔與消業。

3、閱讀、聽課：增加正向高能量，潛移默化自性，在生活中將書中內涵能量啟動，讓自己的一言一行，都是胎教的榜樣。

長此以往，孩子活動力強，領悟力高，思維與大道契合，未來成為大道棟樑才。

父母留給子孫德性更勝留存金錢

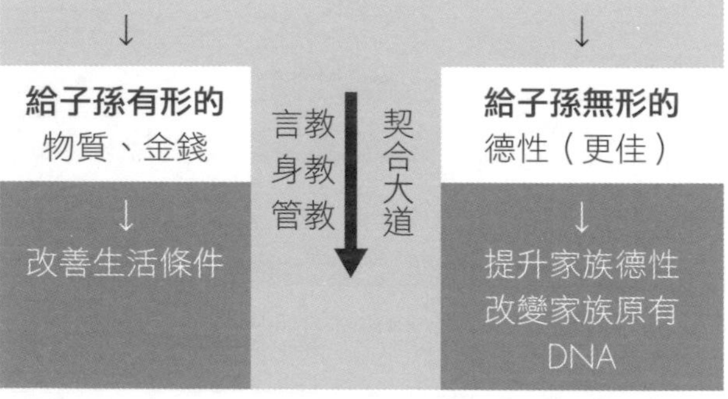

子孫模仿父母

1、人生循環，種瓜得瓜種豆得豆
2、家族代代傳承（德性、DNA的提升）

孩子幼時需要父母全心全力的照顧

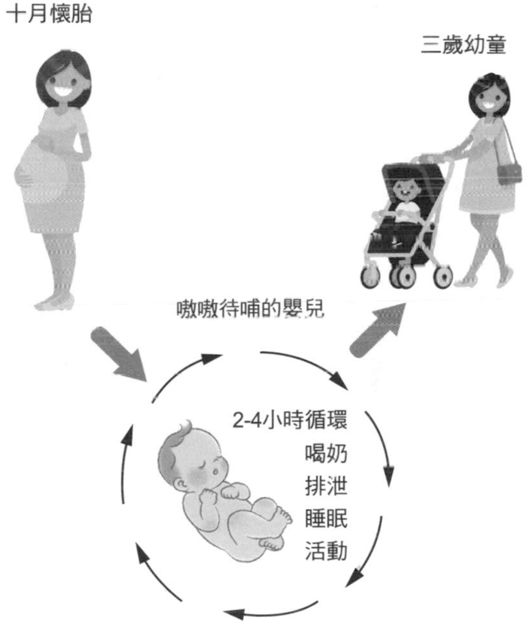

十月懷胎

三歲幼童

嗷嗷待哺的嬰兒

2-4小時循環
喝奶
排泄
睡眠
活動

兒女病痛　父母心痛

以前父母多依據經驗判斷，現在更多是到醫院診斷。

兒女生病，
原因越來越複雜。

父母心焦，如可以的話，
情願自身替代兒女生病

嬰兒光溜來到世間

子女成家立業

子女成年後，行為多是近妻兒、遠父母。

父母子女之愛，是天經地義之事，無需理由，子女如失孝，則回天之路已斷。

手抱孩兒、方知父母恩

父母無私不求回報之愛心

當子女成家，手抱孩兒方知父母恩

父母不在，抱憾終身　　父母在，能否做到

樹欲靜而風不止，
子欲養而親不待。

1、洗滌不淨
2、色難耐煩

隨著物質生活優渥↑
中華孝道沉淪↓
人類靈性沉淪↓

導致

現象	**→偏激行為、不良示範**
1、嫌父母關心嘮叨、不耐煩； 2、不接受父母、師長教誨； 3、不能照顧自己身體健康； ……	1、殺人； 2、自殺； 3、公共場所炸彈客； ……

連累父母同時承受兩種痛苦

社會異樣目光	喪子之痛

導致為人子女產生偏激行為的原因：

1、社會資訊快速傳播，錯誤資訊誤導，對於人類有很大的殺傷力，尤其對年輕人。

2、孝道淪喪，古語「身體髮膚，受之父母，不敢毀傷，孝之始也」，當今蕩然無存；父母生養教育花費無數心血，子女無法感同身受。

遠行懷念　母心掛念

時代	古代 農業社會， 農耕生活	當今 商業社會→ 數字虛擬社會
工作環境	行業種類少	行業繁多， 種類日益細化
生活環境	親朋好友聚居， 老弱婦孺、 鄉里相互照顧	小家庭居多， 便於社會分工重組， 社會保險
家庭環境	父母在， 不遠遊， 遊必有方	父母不在身邊

外出他鄉打拚　溝通問題需要處理

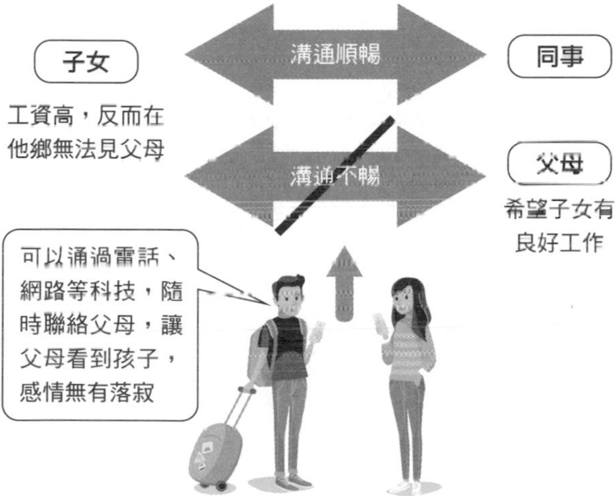

子女

工資高，反而在他鄉無法見父母

溝通順暢

同事

溝通不暢

父母

希望子女有良好工作

可以通過電話、網路等科技，隨時聯絡父母，讓父母看到孩子，感情無有落寂

懷胎十月即可察覺子女是報恩還是討債：平順多是報恩，拆腸拆肚多為討債。

孩子出生後如何轉換不良因果？

子女是複製父母言行成為自己的經驗，父母身體力行、闡發德性，讓子女傳承善德行為，方可轉換不良因果。

因時受教，教育方向要因時而變

溫飽未盡時	→	生活安定時
↓		↓
入世功利方向 來指引		德性教育， 可導引善德好因緣
↓		↓
知識教育		靈性開發
↓		↓
功利世俗爭奪		廣結善緣
↓		↓
或許贏在起跑線上 內心卻空虛迷茫		贏在生命價值的 最終點

子女心態的轉變，關鍵在於是否能體悟到父母辛勞、無私付出

父母		子女	
行為	心態	心態	行為
嬰兒時不停換洗尿布	**天性** 無微不至無私	**人性** 每每考慮時常打折扣	父母年老身體不適給父母滌身
幼兒時教養，每遇新事物，不厭其煩，時時教導			精力體力氣力下降，反應遲緩，動作笨拙，可否耐心體貼父母？

孝載新意　全新世代

古代教育

中國自古以來，五倫大德以孝為根基，古云「棒下出孝子、嚴師出高徒」，「小棒受、大棒走」，形成長上對下子女單向溝通的教育模式，「君要臣死，臣不敢不死；父要子受，子不敢不受」，這是中土數千年來之傳承，迄今已有三千年之教育教化。

現今世代還能以此傳承否？自百年來，西風東漸、民智已開，無法再以此嚴厲模式教育後代了！

新德育

二千年前，孔聖即曰「色難」，奉養父母除了三餐溫飽外，和顏悅色更是難也！如果只是奉養父母衣食無缺外即稱之為「盡孝」，那差之遠矣！二十一世紀之孝道，不再是以滿足口腹之欲、穿衣保暖而已，孝道不是身為子女的責任義務而已，而是發自內心關懷、體貼年邁雙親之種種不便！

父母長上當初照顧年幼之時：穿衣、進食、學走、學爬，是一點一滴之循循善誘的鼓勵支持，才讓年幼之汝等學會穿衣、進食、學走、學爬；父母年邁之後，精神體力不濟、牙齒脫落、五感皆已衰退時，我們非要用打罵、責罵方式嗎？古云「久病床前無孝子」，就是這個原因矣！因此，和顏悅色才是難矣！

新孝道要先從父母自身做起

現代之孝道要從父母做起，父母之一舉一動，皆是後代子女之模仿榜樣也！父母作奸犯科，子女難道會良善否？古云「龍生龍，鳳生鳳，耗子之子會打洞，烏龜本是王八種」，此為身教之意義！如果父母說是一套，做又是另一套，子女只會學習做的那一套而已，身為父母想要何種之後代子女，就要謹言慎行！

因果循環

今日汝說一句做一樣，貴子女自然就是也說同樣一句、做同樣一事，因果循環也是如此！要有良善之後代，就要有良善之種因起，照顧年邁之雙親，除了盡孝道之外，也是要滿圓父母今生對汝之照料，更是要圓滿內心對父母之敬愛也！

「樹欲靜而風不止、子欲養而親不待」，「喚一聲叫一聲，兒之聲音娘慣聽，為何喚娘娘不應」，就是此種之遺憾！人生有限，如果不對父母長上滿圓，等父母仙逝之後，汝內心不會有遺憾否？

如何改變

從小開始，父母對於子女除了要求教育外，要更能傾聽子女之意見、想法，有更多之時間撥給子女彼此溝通，父母瞭解子女之想法，子女瞭解父母之觀念，長期下來，二代之間觀念隔閡就會大量減少！如果皆用打罵教育，子女只會保持表面和諧而已，等到子女成年二十載已，有話及心事會對父母傾訴否？難矣！

新興人類 New Human

現今二十一世紀，一代比一代更為聰明，打罵教育能否施行否？就算子女年幼能夠施行，等其十五、六歲後，還能繼續打罵否？子女二十歲後，還能打罵否？這也是難矣！現今新生兒，皆比過往更聰明、也更難教育，汝用哪一套方法，皆能用彼之道、還諸彼身，能找到破解的方法，因此，在全新世代中需要用傾聽取代責備、用關懷取代打罵也！

陪伴同進

這在現今之親子關係上，也是一門難修之大學問也，不然，大部分人都不知道子女在想什麼？想做什麼？想要什麼？因為缺乏雙向之溝通也！身為每一個父母都希望子女成龍成鳳，但每一個子女之個性不同、興趣不同、性向不同，要找到子女自己之興趣及性向，這是一段漫長之過程，唯有傾聽及關懷，才能陪伴子女走向每一個挑戰！

未來所需

未來世代是一個創造力和溝通力的時代，如果子女沒有強人的熱情和興趣所在，難以在未來世代中出頭，未來二十年會有大變革，人類眾生之通貨及事務鏈皆會被人工智慧取代，要往更高端創造力前進才能有一片天存在，如果再用過往之觀念，很難應用未來世代矣！

總結

奉養父母發誠心　滿圓色難出自性
樹靜風止母欲養　莫待遺憾留遺世
未來科技千百速　傾聽溝通全人格
創造發明靠熱情　全憑父母如何教

父母對子女之教育，應用更貼近子女傾聽、溝通的方式，雖然「天下無不是之父母」，但有時父母對子女之管教也會過當！能否用一種方式傾聽、溝通，未來父母年邁之後，子女也會用傾聽、溝通來照顧父母，雙方皆有雙向之理性溝通方式矣！種何種因就得何種果矣！將自性、德性做另一層級之提升，而滿圓父母對子女之關愛也！

第三部分　落實新孝道，建立幸福家庭

父母子女

父母→子女 （不求回報）	子女→父母 （時時考慮）	
關愛、叮嚀 身體健康 小心謹慎	養育子女時，方明白父母用心良苦，才能用真心毫無保留的回報父母。	
父母對子女的矛盾心態： 不說：怕子女受傷害； 過之：痛惜之心太深，害怕子女會覺得很嘮叨。	依個人生活條件選擇方式方法：	不論是否與父母同住，可用手機、視頻⋯⋯，時時關心父母。

	關心、瞭解、體貼父母，從內心真誠來回報父母養育之恩。	共享用天倫之樂 陪伴、説話、聊天…… 父母關心子女近況 含飴弄孫 ……

孝順雙親　自然而然

子女 ↓ 回報 養育 之恩 ↓ 父母	孝順父母乃天經地義之舉，一言一行皆應是發自內心、自然而然之行為。 首先從反思生長過程，體會父母養育之恩開始；其次，明白孝道傳家對人類繁衍的意義；最後，將內心敬愛父母呈現出於外。 子女本分：「孝順奉養父母，報答父母養育之恩」，孝道傳家、順待父母，是自己一生最良好的行持方式。 1、從日常生活中問候開始； 2、利用現代科技，跨越時空限制，隨時隨地關心父母； 3、為自己子女做好榜樣，將孝道傳承下去。孝順行為是最好的身教，正是對子女的最佳典範。

孝道報恩、代代傳承

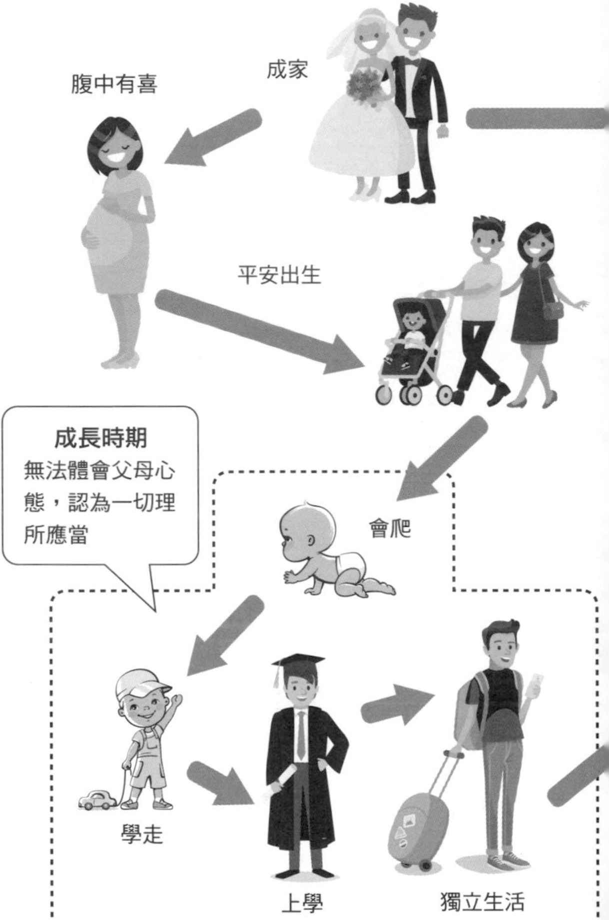

成家

腹中有喜

平安出生

成長時期
無法體會父母心態，認為一切理所應當

會爬

學走

上學

獨立生活

養兒方知父母恩

有子女後，回想幼時父母養育之恩，雖面臨工作家庭壓力，仍然會時常來關心關懷父母。

結婚生活

三明治族群

1、生活壓力

2、職場工作壓力

能否兼顧家庭？

能否關心父母之孝道行為？

皆很困難

如何讓孩子心態樂觀、行為積極、勇氣十足？

想讓您的孩子：心態樂觀、行為積極、勇氣十足嗎？

那您很有必要往下看……

傳統教育的真相

真相一：教育方式

打罵、責備，代替孩子承擔責任。

真相二：培養出的孩子

聽話、乖巧。

真相三：教育效果

孩子不清楚自己的性向、興趣，根本不知道自己要做什麼。

真相四：孩子日後生活

隨波逐流、十分辛苦。

真相五：父母晚年

拿出一生積蓄，給子女不斷嘗試各項事業、工作。

真相六：留錢給孩子的後果

留多了，子女爭奪；留少了，子女怨恨。

坐吃山空，子女養成依賴不適勞動。

久病床前無孝子。

正確的親子關係

教育方式：關懷、鼓勵和溝通

15歲前，瞭解孩子心聲，陪伴、傾聽，瞭解孩子的性向、興趣，並鼓勵發展；

15歲後，讓孩子親嘗各種知識，父母只需給予關懷、鼓勵。

內向的孩子適合：藝術、文學、科學……

外向的孩子適合：運動、談判、溝通……

培養出的孩子

心態樂觀、行為積極、勇氣十足。

教育效果

孩子不用父母干涉其工作、生活。

孩子日後的生活

樂觀、積極、有勇氣，成為新時代人才，自己找到出路。

沒有任何一件事可以打倒，反而會越挫越勇。

父母晚年留錢給自己

孩子不需父母操心，父母快樂自在。

一生積蓄留在身邊，能有尊嚴的晚年，多做一些有益社會福德之事。留德性而不留財給後代。

大道真佛心宗叢書簡介

叢書一、「大道系列」，提供真修實行者，能有真正「明心見性、開悟證果」之作用。

叢書二、「大道人生系列」將過往優良傳統賦予全新定義，在現今世界中能易於推廣，輔助、補足、促進「新三綱常」的施行和推廣。

大道真佛心宗所提倡「新三綱常」條綱，正是把人倫道德規範作成長，而促成未來時空不論如何變革，也不會埋沒「人倫道德」之依附，孝道倫理仍是中土炎黃子孫於未來時空文明的基本精神支柱。人世間時空更迭，對於「孝道傳承」是永不改變的，這也是對「古倫理學」概論來進化於當今時代之提升，這是人世間所有良善好德性之傳承，必要把這種優良傳統美德繼續保留，再傳承後代子孫於永遠。

大道人生系列

第一冊《大道孝德行》，來到這個世上第一份關係，就是與父母家庭的連結，原生家庭的影響至大至深。我們都希望家庭關係良好溫馨，但如何做之？或許我們無法選擇父母親與家庭，但如何改善原本的家庭關係；讓好的更好，不好的則能有其契機修整呢？

當結婚成家立業、孕育下一代，我們又成了孩子的原生家庭，新家庭該如何塑造人？該如何形塑家中相處溝通模式？

80後、90後，陸續成為社會中堅人口，對傳統絕對孝順之道信服嗎？中華文化源自於農業社會的大家庭結構、五服制度，由父執輩傳承田產給子孫耕種，既為家長又為老闆的關係，絕對的孝道有其必要。迄今工商資訊社會，人們早早離家求學，工作後更是集中到城市甚至海外。傳統的絕對孝順之道，像是限制孩子無限發展的可能，抑或強把上一代的老年揹駝在孩子的未來，若孩子扛不動，不孝的輿論批判便纏縈兩代與家人之間。

反之，若生養孩子無法開啟善的回饋，如此一味付出，不就打消更多人萌發孕育下一代的意願。《大道孝德行》娓娓道來新家庭如何形塑人，該如何修整原生家庭的關係。定義資訊新時代，人生第一份人際關係如何圓滿？該如何承上，與父母關係自在；啟下，不造成孩子的負擔，亦擺脫「下流老人」危機！

第二冊《大道悌弘興》論當代橫向溝通之人際關係；舉凡：

1、家庭間，手足乃至於堂表兄弟姊妹、同輩之間家事務的溝通與協調。

2、職場內，同事、團隊間的的互助與合作，順條眾口、齊志一心謀求公司、專案最大利益。

3、道場中，大家能有志一同完成神聖任務及慈善事務，因事(識)成智，相互磨練精進成就彼此道業，追求生命價值之極大，生活品質亦能提升層次變化氣質。

4、社會上，社群軟體、虛擬世界屢屢串聯起有共同思維的群體，打破原本的建置與傳統。

現今時代，當個人英雄式成功漸漸式微，取而代之的群體戰術仰賴的是分工的組織團隊。然，眾口難調，該如何行之？《大道悌弘興》提供了諸多面向協助讀者梳理脈絡，有效橫向連結，讓彼此都能歸結在「中道」上，不偏不倚暨成就家業、事業、道業，又心情愉快地渡過每一天。

第三冊《大道忠誠心》講述在傳統中華文化下忠之美德的形成，浸淫在此思想中的你我面臨事情才能測驗出內心忠誠於人事時地物的深度與廣度！此無絕對、無好壞；看到就是提升、看到就是進步。

說明忠原本是指上對下溝通，到了科技新世代該如何發揮效用？說明上位者該如何帶人要帶心，如何激勵部屬自動自發？垂直領導統御，權威與溫情該如何並用？如何溝通無礙？

《大道忠誠心》讓上下溝通，雙向順暢無礙，進一步提出如何運用新一代的新式思維向上作管理！

書中更是創新地把忠作了分類、定義了諸多層次、級別；更指出，形塑個人之神性之忠，才是驅使一切行為之信念，更是引領諸多甜蜜果實成就之主因。是追求更好的生活品質、生命價值的你我，正需要的寧靜心靈補品！

第四冊《大道信實意》團體中、家庭裡、社會上，如何建立彼此互信，唯有靠信用，而信用又來自於內心對人事時地物的信念、展現忠誠而累積得來。

簡言之，書中點出了信的類別、層級，由信用→信仰／信念→信心，一一道出「信」，這存在於中華哲思中的美德的面面觀。又影響你我人生幸福指數有多少？

人在於家庭、在於人際、在於金融……「信用」可謂影響深遠！心在於平靜、在於安定、在於歸屬……

「信仰/信念」瞄準紅心！成就在於執行、在於規劃、在於策略…「信心」給出力量！

《大道信實意》幸福武功祕笈……期待著作中……

月來月有笑

星期一	星期二	星期三	星期四	星期五	星期六	星期日

Date:

月

Focus:

星期一	星期二	星期三	星期四	星期五	星期六	星期日

Date:

月　Focus:

星期一	星期二	星期三	星期四	星期五	星期六	星期日

Date:

月　Focus:

星期一	星期二	星期三	星期四	星期五	星期六	星期日

Date: ....

______ 月

Focus: ....

....

星期一	星期二	星期三	星期四	星期五	星期六	星期日

Date: ....

月 ....　Focus: ....

星期一	星期二	星期三	星期四	星期五	星期六	星期日

Date: ....

______ 月

Focus: ....

星期一	星期二	星期三	星期四	星期五	星期六	星期日

Date: ....

月　　Focus: ....

星期一	星期二	星期三	星期四	星期五	星期六	星期日

Date:

月

Focus:

星期一	星期二	星期三	星期四	星期五	星期六	星期日

Date: ....

.... 月

Focus: ....

....

星期一	星期二	星期三	星期四	星期五	星期六	星期日

Date:

月 Focus:

星期一	星期二	星期三	星期四	星期五	星期六	星期日

Date: ....

月　　Focus: ....

星期一	星期二	星期三	星期四	星期五	星期六	星期日

Notes

Notes

Notes

Notes

Notes

Notes

Notes

Notes

Notes

Notes

Notes

Notes

Notes

Notes

Notes

Notes

Notes

Notes

Notes

Notes

Notes

Notes

Notes

Notes

Notes

Notes

Notes

Notes

Notes

Notes

Notes

Notes

Notes

Notes

Notes

Notes

國家圖書館出版品預行編目資料

有笑到：論當代親子關係／天音播客編著. --初版.--臺中市：白象文化，2018.9
面： 公分.——（活在心中；3）
ISBN 978-986-358-680-7（平裝）
1.孝悌
193.1 107008526

活在心中（3）

有笑到：論當代親子關係

作　　者　天音播客
校　　對　社團法人大道真佛心宗教會編輯小組
專案主編　徐錦淳
出版編印　吳適意、徐錦淳、林榮威、林孟侃、陳逸儒、黃麗穎
設計創意　張禮南、何佳諠
經銷推廣　李莉吟、莊博亞、劉育姍、李如玉
經紀企劃　張輝潭、洪怡欣
營運管理　黃姿虹、林金郎、曾千熏
發 行 人　張輝潭
出版發行　白象文化事業有限公司
402台中市南區美村路二段392號
出版、購書專線：（04）2265-2939
傳真：（04）2265-1171
印　　刷　基盛印刷工場
初版一刷　2018年9月
定　　價　139元

缺頁或破損請寄回更換
版權歸作者所有，內容權責由作者自負

白象文化　印書小舖 PressStore 出版經紀　出版・經銷・宣傳・設計
www.ElephantWhite.com.tw　自費出版的領導者　購書 白象文化生活館

【大道天書】

叢書系列B1~40+4

www.holyheart.org.tw

無料入學線上閱讀
+QR Code2

www.holyheart.net

第01冊－『大道心燈』

第02冊－『大道天德』

第03冊－『大道回歸』

第04冊－『大道真詮』

第05冊－『大道規範』

第06冊－『大道諦理』

第07冊—『大道佛心』

第08冊—『大道明心』

第09冊—『大道見性』

第10冊—『大道心法』

第11冊—『大道演繹』

第12冊—『大道有情』

第13冊—『大道一貫』

第14冊—『大道虛空』

第15冊—『大道無極』

第16冊—『大道昊天』

第17冊—『大道崇心』

第18冊—『大道燃燈』

第19冊—『大道光明』

第20冊—『大道真如』

第21冊—『大道天地』

第22冊—『大道先天』

第23冊—『大道德澤』

第24冊—『大道眾生』

第25冊—『大道因果』

第26冊—『大道綱常』

第27冊—『大道倫理』

第28冊—『大道天音』

第29冊—『大道同源』

第30冊—『大道唯識』

第31冊—『大道杏壇』

第32冊—『大道天下』

第33冊—『大道自性』

第34冊—『大道心宗』

第35冊—『大道真理』

第36冊—『大道一家』

第37冊－『大道秘法』

第38冊－『大道真佛』

第39冊－『大道宇宙』

第40冊－『大道文明』

《大道孝德行》

《大道悌弘興》

《大道信實意》

《大道忠誠心》